PARTE ALGUMA

NELSON ASCHER

Parte alguma

Poesia (1997-2004)

Copyright © 2005 by Nelson Ascher

Capa
Raul Loureiro
sobre foto de Herbert List (Magnum Photos)

Revisão
Ana Maria Barbosa
Renato Potenza Rodrigues

Dados Internacionais de Catalogação na Publicação (CIP)
(Câmara Brasileira do Livro, SP, Brasil)

Ascher, Nelson
Parte alguma : poesia (1997-2004) / Nelson Ascher. — São Paulo : Companhia das Letras, 2005.

ISBN 85-359-0626-6

1. Poesia brasileira I. Título.

05-1655   CDD-869.91

Índice para catálogo sistemático:
1. Poesia: Literatura brasileira 869.91

[2005]
Todos os direitos desta edição reservados à
EDITORA SCHWARCZ LTDA.
Rua Bandeira Paulista, 702, cj. 32
04532-002 — São Paulo — SP
Telefone (11) 3707-3500
Fax (11) 3707-3501
www.companhiadasletras.com.br

i. m.
edith (glanz) ascher
(1930-44/1945-86)

*Man is in love and loves what vanishes,
What more is there to say?*
                              W. B. Yeats

MAIS E/OU MENOS, 11

Exegi monumentum, 13
Adivinhação, 15
Cúmplices, 17
Encontros, 19
Metade, 21
Os dois urubus, 23
Vício, 25
Última sessão de cinema, 27
Homenagem, 29
Unhas e dentes, 32
Elegiazinha, 34
Mil palavras, 36
Pensando bem, 38
Despedida, 40
Outono, 43
Arte poética, 45
Vale tudo, 47
Linha cruzada, 49
Cantiga, 51
Sintonia, 52

Tentativa e erro, 53
Queda interrupta, 55
Furo n'água, 57
Um galho, 59
Homecoming, 61

AQUI, 65
(LIMERICKS, EPIGRAMAS & EPITÁFIO)

POMOS DE OURO, 89

QUATORZES, 103

Código morse, 105
Fumaça, 106
Saudade, 107
14 versos, 108
Algo de escuro, 109
Lírica, 110
São Paulo, 111
Açoite, 112
Querê-la, 113
Horas, dias, anos, 114
É isto?, 115
Coluna, 116
Dizer o quê, 117

MAIS E/OU MENOS

Exegi monumentum

Ergui pra mim, mais alto
que o Empire State Building, menos
biodegradável mesmo
que o urânio, um monumento

que, à chuva ácida ileso
e imune à inversão térmica,
não tem *turnover* nem
sairá de moda nunca.

Não morrerei de todo:
cinqüenta ou mais por cento
de meu ego hão de incólumes
furtar-se à obsolescência

programada e hei de estar
no *Quem É Quem* enquanto
Hollywood dê seus Oscars
anuais ou *supermodels*

desfilem mudas pelas
mil e uma passarelas.
Onde transborda infecto
nosso Tietê, nas várzeas

garoentas sempre cujos
quatrocentões votavam
antanho em Jânio Quadros,
lembrar-se-ão de que fui

quem adaptou primeiro
em Sampa, ao berimbau
tropicalista, Horácio.
Credita-me tais méritos

e põe durante este ano
fiscal, Academia
Sueca, em minha conta
a grana do Nobel.

Adivinhação

p/ d. p. aos 70

O que é o que é
que, quando se entrecruzam
à beira do silêncio
sintagma e paradigma,

obriga a língua a dar
com a linguagem nos dentes,
deixa as palavras todas
com a língua de fora?

O que é o que é
que, onde "o amor e, em sua
ausência, o amor" ou "manchas
solares confabulam",

deixa a linguagem boqui-
aberta, sem palavras,
e obriga os linguarudos
a engolirem a língua?

O que é, o que é
que edípico e antropófago
bolina e morde, morde e
bolina a própria língua

materna até que doa
com gosto? — É a poesia
que o *dolce* software *nuovo*
contém. Pois é: poesia.

Cúmplices

Esgueiram-se de ponto
a ponto paralelos
que nem tênias xifópagas
rastejam feito lado

a lado duas cobras
anêmicas destacam-se
da terra tumefactos
como varizes gêmeas

e aos pares serpenteiam
que nem as sibilantes
de uma palavra implícita
num gesto o camponês

polaco acena e sor-
ridente passa como
se fosse faca o dedo
rente à garganta enquanto

de toda parte a parte
alguma serpenteiam
destacam-se da terra
rastejam lado a lado

se esgueiram paralelos
e aos pares como os cúmplices
que são: todos os trilhos
vão dar no matadouro.

Encontros

Há gente que eu encontro
na rua e me sorri
(o fósforo, dormindo
ensimesmado dentro

da caixa, sonha incêndios)
e eu lhes sorrio; há gente
que encontro numa loja
e me sorri (a lâmina

da faca que repousa
numa gaveta aguarda
o dedo distraído)
e eu lhes sorrio; há gente

que encontro na garagem
e me sorri (o fio
se aquece na parede
acalentando alguma

faísca) e eu lhes sorrio;
há gente que eu encontro
até no elevador
e me sorri (a carne

que está na geladeira
fermenta aos poucos sua
toxina), eu lhes sorrio
e cada qual de nós,

descendo em seu andar,
ligando o carro (salvo
se acaba de guardá-lo),
fazendo (ou não) as compras

e prosseguindo rua
abaixo ou rua acima,
medita na segunda
lei da termodinâmica.

Metade

Eles escrevem (elas
também) e têm metade
da minha idade escrevem
não sei se muito bem

tampouco escrevo bem
(eu sei) mas tenho o dobro
da idade que eles têm
(e elas também) mas tenho

metade ou talvez menos
(principalmente caso
não largue o tabagismo)
de sua expectativa

de vida e escrevo menos
por dia mês ou ano
também talvez metade
ou menos talvez tenha

escrito (e isso no dobro
do tempo) muito menos
do que a metade seja
(nem sei se muito bem)

do que eles escreveram
ou elas escreveram
(e nada me garante
que o tenha escrito bem).

Os dois urubus

Um urubu que, jururu,
avoa com outro urubu
diz-lhe: "Compadre, quede um rango
mais suculento que calango?".

O outro urubu diz ao primeiro:
"Há poucas horas, companheiro,
eu vi um pessoal que, na caatinga
perto daqui, morreu à míngua

após comer tudo o que segue:
uma asa branca e o próprio jegue
além de uma cadela feia
que eles chamavam de Baleia.

Do que terão morrido (como
diria em seu famoso tomo
que também trata de uns sem-teto
o João Cabral de Melo Neto),

quer de emboscada, fome, doença,
não faço idéia, não — paciência!
O charque ali será polpudo
se os vermes já não roeram tudo".

Mas, por incrível que pareça,
se os urubus chegam depressa,
vivos que estão, os retirantes
comem os dois urubus antes.

Vício

Cigarro, sim, mas, uma
após outra, asfixiando-me
ao deliciosamente
adulterarem o ar —

álcool também, mas, pouco
a pouco, submetendo-me,
conforme eu me entorpeço,
à sua própria lógica —

açúcar, sim, mas, dia
a dia, deformando-me
perversas ao sabor
de seu letal sabor —

sexo também, mas, cada
vez mais, pondo em perigo
quanto restou do meu
sistema imunológico —

sobremaneira e, embora
mereçam, tendo em vista
tudo o que, além do esôfago,
traquéia, reto e uretra,

carcomem, a advertência
de que à saúde causam
irreparáveis danos,
viciam-me as palavras.

Última sessão de cinema

p/ amir labaki

Não é que tenha, por
chegar tarde, perdido
toda a primeira parte,
porém, como, de tão

longe dali, pensando
na morte da bezerra,
que estava, mal deu para
vê-la passar, agora

só resta, se é que dá
tempo, assistir ao resto,
meio lembrando meio
adivinhando quanto

passou, a fim de achar
(embora nem se possa
esclarecer ainda
o gênero — suspense,

drama, comédia? — ao qual
pertence o filme) o fio
da meada, porque, mesmo
que seja sempre um anti-

clímax seu fim, até
quem de cinema nada
entenda sabe que esta
é a única sessão.

Homenagem

Como se fosse, não
metáfora que, embora
gasta, surpreende, nem
um *thriller* cujo fim

sabido não se espera,
mas rima em *ão* que, para
quem quer que a redescubra,
parece nova, o que,

mais, do que a moda do ano
passado, ultrapassado,
mais, do que a gripe do ano
passado, superado,

mais, do que a gíria do ano
passado, *déjà vu*,
mais, do que o software do ano
passado, arcaico, pode,

qual número que, há muito
desativado, ainda
atende, qual notícia
que dá, se bem que de ontem

(anteontem na TV),
manchete, qual produto
que, não obstante o prazo
vencido, vende, ser

não tanto solução
constantemente usada
quando se escreve e nada
se encontra de melhor

quanto tantalizante
problema ao qual jamais,
quando se escreve, há como
fugir, senão aquilo

que, sem se ver, e não
se sente, descontente,
sem doer, é um fogo que arde,
é ferida que dói,

é um contentamento,
é dor que desatina,
ou seja, o inoxidável
oxímoro do amor?

Unhas e dentes

Unhas e dentes não,
e, aliás, se bem que sempre
à mão, nem mesmo dedos
e, não obstante dar

nos dentes, língua, nem,
por muito que se a ponha
no mundo, boca e, por
demais que possa estar

cheia de dedos, mão
nenhuma (sobretudo
se, após termos cravado
em tudo unhas e dentes,

revela-se que mal
mordemos ar, que unhamos,
se tanto, nada), bastam
sequer para agarrarmo-nos

com unhas, por afiadas
que sejam, e, por trinta
e dois que sejam, dentes
a nossos dentes e unhas.

Elegiazinha

i. m. nikita (gata da inês)

Gatos não morrem de verdade:
eles apenas se reintegram
no ronronar da eternidade.

Gatos jamais morrem de fato:
suas almas saem de fininho
atrás de alguma alma de rato.

Gatos não morrem: sua fictícia
morte não passa de uma forma
mais refinada de preguiça.

Gatos não morrem: rumo a um nível
mais alto é que eles, galho a galho,
sobem numa árvore invisível.

Gatos não morrem: mais preciso
— se somem — é dizer que foram
rasgar sofás no paraíso

e dormirão lá, depois do ônus
de sete bem vividas vidas,
seus sete merecidos sonos.

Mil palavras

p/ ny

        Quanto mais eu, que vi
        (digamos) tudo, vejo,
        mais vejo que uma imagem
        vale por mil palavras.

        Quanto mais vejo (e vi
        de tudo), mais provável
        parece que uma imagem
        (digamos, um avião

        rumo a um arranha-céu)
        vale por mil palavras.
        Por tudo o que já vi,
        quanto mais vejo, menos

        duvido que uma imagem
        (digamos, outro avião
        rumo a outro arranha-céu)
        vale por mil palavras.

Quanto mais vejo, menos
tenho, pois uma imagem
vale por mil palavras,
a ver (digamos, quando

se cravam dois aviões,
duas facas de obsidiana,
em dois arranha-céus)
com tudo o que já vi.

Agora que vi tudo
(já que, de tudo aquilo
que acabei vendo, nada
mais há para se ver),

quanto mais vejo, menos
tenho a dizer, exceto
(digamos) que uma imagem
vale por mil palavras.

Pensando bem

Pensando bem malgrado
termos chegado sobre
o assunto em pauta a pontos
de vista não opostos

é claro mas decerto
distintos mesmo assim
eu fundamentalmente
concordo com você

porém como esses pontos
de vista embora nem
de todo opostos mesmo
assim trazem à tona

idéias diferentes
pensando bem talvez
eu não concorde sempre
em tudo com você

aliás dado que nossos
pontos de vista envolvem
idéias não de todo
é claro diferentes

pensando bem discordo
assim mesmo nem sempre
nem necessariamente
em tudo de você

discordo não porque
no assunto em pauta nossos
pontos de vista sejam
diametralmente opostos

mas já que suas idéias
são não só diferentes
como imbecis pensando
bem foda-se você.

Despedida

Agilidade quase
nunca adequada, muito
menos ideal, das juntas
e músculos, adeus.

(Melhor que seja o tato
que se embotou, pois caso
contrário, aqui no escuro,
não há mais mundo algum.)

Reflexos aptos, mesmo
assim não cem por cento
das vezes, a evitar
desastres mil, adeus.

(Indiferente outrora
à flor, hoje o nariz
tampouco se comove
com gás lacrimogêneo.)

Digestão que os cupins
invejariam, plácida
mais do que, à beira-rio,
a da jibóia, adeus.

(Entre o apetite sempre
maior e a dispepsia
segura, amiúde caem
as próteses dentárias.)

Sono pesado, livre
de pesadelo e dores
lombares, sobretudo
ininterrupto, adeus.

(O som da TV, quando
a audição falha, aumenta
na proporção inversa
à da paciência alheia.)

Diagnósticos e exames
que nada sugeriam
exceto a corriqueira
hipocondria, adeus.

(Quanto mais fraca a vista,
tanto menor a letra
das bulas cada vez
mais longas de remédio.)

Outono

i. m. györgy petri

A cada dia
que passa mais
secas há mais
folhas no chão

e a cada dia
que passa diz-se
mais tarde se é
que ainda se diz

bom dia a cada
dia que passa
e diz-se cada
vez mais se o vento

cada vez mais
intenso obstrui
o passo boa
tarde mais cedo.

Cada vez mais
menos intenso
atrás de nuvens
cada vez mais

negras há cada
vez menos sol
e a cada dia
que passa cada

vez há mais antes
ou seja há menos
depois e a cada
dia mais curto

que passa cada
dia mais rápido
tudo o que há boa
noite é mais noite.

Arte poética

"Hol lettem részeg? elfeledtem részegen"
Sándor Weöres

Como é que vim parar
aqui quero dizer
no meio da poesia
quero dizer no meio

agora deste poema
aqui como é que vim
quero dizer agora
mesmo parar aqui

quero dizer no meio
sei lá de onde nem quando
e é como se tivesse
sei lá me embebedado

e não lembrasse quero
dizer nem lembro mesmo
agora onde nem quando
nem quanto é que bebi

se é que bebi sei lá
o que mesmo mas vim
quero dizer agora
sei lá se vim parar

quero mas essa dor de
cabeça que não passa
dizer aqui no meio
sei lá mesmo do quê?

Vale tudo

Quando nada
mais nos resta
vale tudo

pois se tudo
mais vai sempre
dar em nada

nada mais nos
vale salvo
tentar tudo

mas tentando
tudo nesse
tudo ou nada

não por nada
nada é tudo
que nos resta

pois no vale
tudo nada
vale a pena.

Linha cruzada

(*Entreouvida em meados dos anos 80*)

Porra nenhuma: isso não quer
dizer que eu vá dançar com trinta
e pouco. Mesmo que me sinta
um caco, não perdi sequer

um quilo e gosto de estar meio
magro. Gânglios, que nada, ou suor
noturno: eu vou ficar melhor,
você vai ver. É que ando cheio

de trabalho, não paro há meses.
Daí que esteja me lixando
pros médicos que, feito um bando
de sanguessugas, vêm às vezes

com papos como o dessa nova
doença que pega só na gente.
O meu tocou no assunto, crente
de que ia me assustar: uma ova!

Pense comigo aqui: suponha
que ele está nisso com meus pais.
Óbvio que sabem, mas jamais
aceitariam: têm vergonha

de que o bairro descubra um dia
e comece a falar de mim.
Merda, eles foram sempre assim,
bancando os cegos. Eu sabia

que iam me armar alguma, cedo
ou tarde. Agora a diarréia,
já está passando, viu? Se a idéia
não era a de me meter medo,

é praga, então: quem me deteste,
não falta e o que me deixou fraco
foi algo que comi. — Que saco:
nem me venha falar no teste.

Cantiga

Quem tá a fim duma gata bacana,
venha comigo a Copacabana
   e vamos pegar umas ondas.

Quem tá a fim de cariocas da gema,
venha comigo para Ipanema
   e vamos pegar umas ondas.

Venham comigo a Copacabana
onde tá assim de gata bacana
   e vamos pegar umas ondas.

Venham comigo para Ipanema
que tá assim de cariocas da gema
   e vamos pegar umas ondas.

Sintonia

p/ inês oseki-dépré

Cacofonia alada,
conforme (isto é, se não
deixaram de existir
durante o inverno) chegam

de novo, embora, salvo
que fica ao sul, ninguém
saiba direito de onde,
os pássaros, que, ocultos

entre os primeiros raios
de sol, ainda nem passam
de vôo e de gorjeio,
rabiscam, saturando-o

de estática, o ar ao qual
está — como estação
há meses fora do ar —
de volta a primavera.

Tentativa e erro

Tentei hoje e ninguém
mais sabe nem adianta
dizer quanto por quantos
caminhos diferentes

chegar ao compromisso
em tempo e não deu certo
tentei deus sabe e caso
não saiba já perdi

também a conta quanto
com quantas rezas bravas
lembrar o que ontem mesmo
lembrava e não deu certo

tentei mas professor
nenhum nem quis saber
quanto nem quantas vezes
passar com dez com nove

e meio ou pelo menos
com cinco e não deu certo
tentei quem sabe quanto
em quantos infinitos

lugares encontrar
as chaves que quarenta
anos atrás pus sobre
a mesa e não deu certo

prometo que amanhã
tão cedo quanto for
possível vou de quantos
nem sei modos tentar

ainda tentar não só
ressuscitar os mortos
como acordar além
do mais cedo amanhã.

Queda interrupta

"a low dishonest decade"
                      Auden

Não é que não caiu
e ao que parece embora
desde o porvir passando
pela utopia pelos

projetos pelo plano
piloto até os prognósticos
tudo ao redor de estável
já tenha como a bolsa

que numa quinta-feira
caíra ou como o andaime
que do alto do edifício
mais alto em construção

caísse ou como a ponte
de Londres que está sempre
caindo ou como o infame
decênio desonesto

que cai de podre ou como
quem quer que caia em si
caído silenciosa
algumas vezes e outras

estrepitosamente
tampouco há de cair
tão cedo na cabeça
da maioria a ficha?

Furo n'água

i. m. haroldo de campos

      Que furo n'água, meu,
      é: tudo é um furo n'água.
      Suar a camisa embaixo
      do sol — a fim do quê?

      A hora dos velhos chega,
      depois a nossa e nada
      muda no mundo. O sol,
      que sobe, desce, sobe

      outra vez, desce e assim
      por diante. Venta ao norte
      e ao sul, ao sul e ao norte.
      Os rios vão dar no mar:

      bom, e daí? O mar
      não enche, as águas voltam
      ao *grid* de largada
      e a trabalheira é tanta

que nem te digo. Olhar
demais irrita os olhos
e ouvir dói nos ouvidos.
Mas dá tudo na mesma.

A gente só refaz
o que outros já fizeram
e tudo aqui debaixo
do sol é a mesma merda.

Quem chama algo de novo,
se olha direito, vê
que vem do tempo do onça.
Ninguém mais sabe como

foi ontem nem ninguém
depois de amanhã vai
lembrar como é que as coisas
terão sido amanhã.

Um galho

Desarvorado em cada
extremo, o que se alonga
e o que se encurta, um galho
carente de folhagem

e em tudo, exceto pela
ziguezagueante azáfama
que o leva a se arrojar
além do próprio alcance,

tão vegetal no aspecto
quanto a vegetação
em cujos meandros menos
se move imperceptível

do que, desarraigando-se
após ter se apartado
de umbilicais raízes
que não tivera, cresce

na frente o que decresce
atrás sem perturbar,
com ritmos que tampouco
diferem ondulantes

do modo como brisas
recônditas se infiltram
nesse ancestral jardim,
o reino ao qual, porém,

ainda se adapta, agora
flui rumo a um outro não
só díspar, como à beira,
graças ao pomo quem

sabe nascido dele
que leva entre as mandíbulas,
de degradar-se num
distinto, o que habitamos.

Homecoming

Estar em meu país
é deduzir num golpe
de vista quem é o quê,
se gay ou se *opus dei*,

mas isto ainda é fácil,
algo exeqüível quer
nos parques, quer nos becos
de Osasco ou nos de Osaka.

Estar em meu país
é ser, desde o primário,
íntimo de alguém antes
de ser-lhe apresentado,

mas isto, num país
mais incestuoso até
do que a menor das tribos
perdidas, ainda é fácil.

Estar em meu país
é de antemão poder
dizer quem faz o quê
e o que faria caso

pudesse, mas às vezes
parece (e constatá-lo
é fácil) que não há
ninguém fazendo nada.

Estar em meu país
é tanto intuir sem dúvida
quem é quem como ver
quem quer passar por quem,

embora, a rigor, isto
talvez se deva à idade
e, após alguma prática,
nem chegue a ser difícil.

Estar em meu país,
mais que saber por que
qualquer estranho pensa
saber tudo o que penso,

tem algo mais difícil
que o dom fácil de sempre
frustrá-lo e é simplesmente
estar em meu país.

AQUI
(LIMERICKS, EPIGRAMAS & EPITÁFIO)

Havia um surfista em Recife
que usava só pranchas de grife.
   Tubarões, todavia,
      devoraram-no um dia
pensando tratar-se de um bife.

Havia uma moça paulista
que, como queria ser vista,
　desfilava sem nada
　mas jamais, pois gripada,
foi capa em nenhuma revista.

Havia um cantor que, no estúdio,
dissera saber cantar tudo
   mas, após ser ouvido,
     o cantor foi corrido
de lá só porque era mudo.

Havia um monarca na Grécia
que a todos fez uma promessa:
   ser-lhe-ia bem-vinda
   qualquer crítica ainda
que o autor não prezasse a cabeça.

Havia um rapaz tão abjeto
que, em Praga, deitara-se e, inquieto,
   acordou de manhã
   do seu sono pensando:
"Eu sinto-me pior que um inseto".

Fazer um epigrama não demora:
compõe-se um *Mahabhárata* e se joga,
salvo as últimas linhas, tudo fora.

Logo que a musa te corneia,
você descobre em outra, alheia,
a de um cantor ou de um poeta
concreto, a tua obra completa
na qual, contudo, algo se estréia
de inédito: a epigonorréia.

Mulheres se lançam usando
seu *não, não* que, enfim, se degrada
num *sim, sim*, porém, dito quando
ninguém lhes pergunta mais nada.

Uma mulher se deita qualquer dia
com quem nem bêbado a desposaria
e, então, desposa sóbria algum coitado
com quem nunca teria se deitado.

Proibida de fazer amor outrora,
a mulher, livre (graças à vitória
feminista) daquele pesadelo,
pode hoje livremente não fazê-lo.

A vida a dois revela-nos seu nexo
quando as pulsões de cada qual coincidem,
ou seja, se ela pode exigir sexo
sem circunlóquios e ele o negar idem.

Amar não passa de um minuto
(no máximo) de surto mútuo
e, como se converte em hábito,
até que chegue o cava-rápido,
ambos, secando lado a lado,
chover-nos-emos no molhado.

(Variações sobre um tema
de Paladas de Alexandria)

Pasa gyné cholos estin: echei d'agathas du(o) horas,
Tén mian en thalamo, tén mian en thanato

    1)
    Mulher só não chateia
    àquele que consiga
    manter sua boca cheia
    de carne ou de formiga.

    2)
    Mulher é o fim — menos na noite
    de núpcias e depois da autópsia.

    3)
    Mulher na horizontal só não resulta
    em caos se é puta ou quando está sepulta.

    4)
    Mulheres são um pé no saco, exceto aquelas
    que abram as pernas ou que batam as canelas.

Quem serve a canibais aceita o risco
de que garçons lhes sirvam de petisco.

Se o remédio da Aids for descoberto
nos Estados Unidos, decerto
muita gente, em mais um de seus giros,
vai tomar o partido do vírus.

(Três cores)

Há liberdade, mas não tente
sequer pôr em questão a crença
no Estado; igualdade é somente
pensar o que o vizinho pensa;
fraternidade é ter em mente
que nunca se mente na imprensa
local — e as cores do país
em pauta são: gris, gris e gris.

(Conferência Mundial contra o Racismo,
Durban, África do Sul, agosto/setembro de 2001)

    Direitos humanos já não perturbam
tirano algum, pois os slogans dos seus
guardiães são agora como o de Durban:
Abaixo o racismo e morte aos judeus.

A alma humana é falaz, mas não despista ninguém — salvo quem tem psicanalista.

Embora um homem de visão fale com tato,
quem tem olhos e ouvidos segue seu nariz.

Até cegos, que vêm da treva e à treva
regressam, vêem, sem experiência prévia,
que deste mundo aqui nada se eleva.

Aqui jaz Nelson Ascher consumido
pelo amor-próprio não correspondido.

POMOS DE OURO

"el tomate, astro de tierra"
Pablo Neruda

1)

calcinadamente
das cinzas
do abrasado
ar estival
emerge como
que empalada
ao revés
no sol sempre
a pino
Taormina

II)

imprecisamente
e em trânsito
entre a bruma
e o lago
entre a Suíça
e a sujeira entre
Radetzkymarsch
e Duomo tal
qual se já quase
fosse Itália
a Lombardia
começa
a condensar-se
em Como

III)

i. m. juó bananere

> *podem falare portoghese*
> disseram no seu português
> adriático os dois gondoleiros
> da mesa ao lado que (*vai
> bene* — arriscamos em italiano
> do Brás — *noi capiscamos
> italiano*) garantindo-nos
> ser *coisa di pazzo venire
> aqui* arrolaram à guisa
> de prova num catálogo
> atualizado paradisíacos
> inferninhos do eixo São Paulo-
> -Rio nostálgicos que estavam
> de piranhas como não
> há nos canais (*che meraviglia
> u Brasile!*) de Veneza

IV)

      concentricamente
      desde o centro
      da arena mais que
      (se bem que em ruínas)
      perfeita até as perfeitas
      piazze Erbe e dei Signori
      passando pela (simples
      à sua maneira) ponte
      Scaligera os passados
      (para nem falar de San
      Zeno infinitiva) coexistem
      em Verona

v)

literalmente e (como
aliás o arco-íris analógico
de mármores que mais
que ornato do não
menos inconsutilmente
engastado Chiostro
del Paradiso constitui
seu tegumento) sem
visível sutura incrustada
ao arrepio da lei
da gravidade numa encosta
perpendicular ergue-se
em triunfo vertical
sobre o Mediterrâneo
Amalfi

VI)

inexplicavelmente
como se exceto
ali não existisse
e mesmo ali nem
existisse exceto
como que lançando
mão da paleta
de Simone Martini
para elucidar quantos
matizes há de azul
a lua de verão que
esclarecia a Piazza
del Campo deixara
em sua obscuridade
de terracota o resto
de Siena

VII)

inconfessavelmente
após comerem todo
o pó de uma ascensão
rumo ao inferno
decepcionados com
sua desdentada boca
vesuviana aos olhos
que se vêem na altura
onde o antes indeciso
panorama se converte
em mapa todavia resta
banharem-se como
que para sempre na baía
de Nápoles

VIII)

desencontradamente
enveredando às três
horas da manhã
por descaminhos
que antigos como todos
os outros conduziam-
-nos somente a novos
descaminhos nem
sequer perdidos
que estávamos no meio
de Roma encontramos
Roma

IX)

reticuladamente
dispostos num mega-
monitor como
se minerais mas
sobretudo de ouro
os pixels *avant
la lettre* que são tivessem
sido irradiados
de Bizâncio *tesserae*
tesserae e mais *tesserae*
ilimitam o firmamento
enclausurado na basílica
de Monreale

x)

provocativamente quando
minha avó cuja lua-de-mel
fora em Veneza asseverou-me
que toda comida italiana
sem exceção sabia sempre a
tomate buli com seus brios
magiares dizendo que a terra
dela admitia um só sabor
correto o da páprica ubíqua
mas misericordioso nada
falei da pizza tricolor que
batizando-a de *Marguerita*
o *Brandi* de Nápoles criara
a fim de homenagear em mil
oitocentos e oitenta e nove
a homônima rainha nem
exaltei quer a *sfogliatella*
de lá e o *canolli* siciliano
quer o ossobuco à milanesa
ou a bisteca à florentina
ou mesmo o doce amalfitano
de beringela porque a prova
do pudim seja na península

gastronômica seja em suas
colônias culinárias (como
dizia Engels) está em comê-lo
(e é do México que ademais
vieram a páprica e o tomate)

QUATORZES

Código morse

Se indagas como assim
sei que, no fundo, atrai-te,
mais que o de Shere Hite,
o Relatório Kinsey

e, quanto ao nosso encaixe
(que anseio), não me dói de-
clarar que, a Sigmund Freud,
prefiro Wilhelm Reich —

só para que me entendas
melhor, deixa-me, dentro
das zonas mais pudendas,

expor meu argumento
— com dedos — à mucosa
do teu botão de rosa.

Fumaça

Acordo de manhã nico-
tinado e, ao ver meus dentes
outono-sorridentes
no espelho, intuo a pane co-

lossal, o dano orgânico
que, em ambos reincidentes
pulmões, venho entrementes
causando e sinto pânico

por ter, com a fumaça
hostil que me repassa
como inexorcismável

espírito incorpóreo,
construído, em meu cadáver
futuro, um crematório.

Saudade

Posto que nem é de bom-tom
falar sobre a tristeza insossa
cujo vaivém, quando se apossa
de mim, me embala como o som

sem fim das ondas do Leblon,
dispondo-me a curtir a fossa
a sós, pus na vitrola a bossa
nova de João, Vinicius, Tom,

menos pra ouvir o que ela tem,
porque talvez já nem me agrade
a ausência tanto faz de quem,

do que pra que, pouco à vontade,
meu coração se encha, se bem
que sob protesto, de saudade.

14 versos

Não zombes, crítico, da forma
que, além de poetas como Dante,
Quevedo ou Mallarmé durante
os séculos quando era a norma,

Púchkin, narrando com mestria
um duelo em seu *Ievguêni Oniéguin*
(num duelo desses morreria),
usou como outros não conseguem.

Sem rejeitar a própria era,
Drummond e Rilke, todavia,
levaram o soneto a extremos

de perfeição e, em sua cegueira,
Borges também, conforme via
mais do que nós, que vemos, vemos.

Algo de escuro

Hoje é meu turno de compor
algo de escuro, mais que preto,
que seja, em seu negror perfeito,
a negação de toda cor

e tenha além disto um sabor
inesquecivelmente abjeto
como o sabor de um grande inseto
numa feijoada ou coisa pior.

Quero também que este soneto
seja maçante, que o leitor
sinta-o no estômago, no peito,

no cérebro que nem torpor
e o aprenda a contragosto, feito
qualquer canção ruim, de cor.

Lírica

Quando seus olhos vêem que está
grassando minha fome e adrede,
embora ignorem que procedem
como que a me injetar um Viagra

nas veias, pouco mais concedem
além de quanto me avinagra
o sangue, ou seja, a dieta magra
de nãos, serpente expulsa do Éden,

em cujo estômago reluta,
feito indigesta polpa, a fruta
meio hipotética, tresnoito

diante da folha que, vazia,
me aguarda e, assim, se faz poesia
menos após que em vez do coito.

São Paulo

Por que, se não há neste
subarremedo de urbe re-
fugado, ou melhor, púbere-
caduco clone agreste

do urbano, algo que preste,
e embora, como em úbere
dum rato, aqui se incube re-
petidamente a peste,

chamo ainda, feito abutre
doentio que, sem cessar,
vomita mas se nutre do

seu vômito, apesar
de ser (ou porque é) pútrido,
São Paulo de meu lar?

Açoite

Tal qual, não apesar do açoite,
antes por causa da agonia,
o masoquista que riria
caso lhe perguntassem "dói-te?",

cada qual tenta, dia a dia,
sem que, por muito que se afoite,
possa, ante a boquiaberta noite,
colher minimamente o dia

(que, tudo indica, não é parque
de diversões, mas sim, malgrado
os lapsos lúdicos que abarque,

centro no qual processam dados
sem uso salvo o de informar que
todos os dias são contados).

Querê-la

Quer você queira ou não, nem tente
sequer querer de mim que queira
mais seu querer que eu de maneira
alguma quero novamente.

Você me traz uma outra à mente
e ela traria uma terceira,
mas nem chegando à derradeira
a quereria, exceto ausente.

A fruta proverbial do lado
de lá do muro, se do agrado
de quem, tolhido de colhê-la,

mal sabe quão logo tal pomo
se torna o da discórdia, é como
querê-la: inviável sem querela.

Horas, dias, anos

Nem a ave-bala que, perdida
porém certeira, voe secreta-
mente, nem, quando cruza a reta
final, um carro de corrida

passam mais rápido que a vida
útil de alguém cuja obsoleta
doutrina nem sequer o inquieta
se chega a um beco sem saída.

Moscou tocou-se e você não?
Você só vai entrar em frias
caso persista em seus enganos.

As horas nunca o perdoarão:
horas que estão limando os dias,
dias que estão roendo os anos.

É isto?

Estou, mas onde?
Quem é que existo?
Entrei sem visto
e, até que o bonde

chegue imprevisto,
brinco de esconde-
esconde. É isto?
Ninguém responde.

Durmo desperto
e, em desconcerto
quando o consigo,

me desacordo
do desacordo
de um si consigo.

Coluna

Por que dar conta do recado
e terminar mais um artigo?
Prefiro olhar meu próprio umbigo
a trabalhar sem resultado

como que posto de castigo.
Mas, apesar de tão cansado
que quero só virar de lado
e dormir, mesmo assim prossigo.

Pra quê? Não faz nenhum sentido
e, não obstante todo estrago
que isso me causa, mal sou lido.

Escrevo e apago, escrevo e apago
o que não passa de um grunhido
que me vem d'alma ou do lumbago.

Dizer o quê?

Dizer o quê se, em vez
de endireitar o torto,
falando acaba no orto-
pedista quem o fez?

Dizer o quê? Talvez
seja melhor que, absorto,
só plante no meu horto
as mudas da mudez.

Fiquem, porque me omito
sem cometer-me a nada
e para que mosquito

algum tampouco a invada,
o dito por não dito
e a boca bem fechada.

ESTA OBRA FOI COMPOSTA POR RITA DA COSTA AGUIAR
EM MERIDIEN E IMPRESSA PELA GRÁFICA BARTIRA SOBRE PAPEL PÓLEN BOLD
DA SUZANO BAHIA SUL PARA A EDITORA SCHWARCZ EM MARÇO DE 2005